FLEUR DE GUITARE.

THÉATRE DES PUPAZZI.

FLEUR DE GUITARE

SCÈNES

DE LA VIE AMOUREUSE ET TOURMENTÉE

EN UN ACTE, EN VERS ET EN CHANSONS

AVEC ACCOMPAGNEMENT DE GUITARE.

Prix : 75 Centimes.

STRASBOURG
A LA LIBRAIRIE DURRY, RUE BRULÉE, 4.
1868

FLEUR DE GUITARE.

SCÈNES DE LA VIE AMOUREUSE ET TOURMENTÉE.

En un acte, en vers et en chansons,
avec accompagnement de guitare.

———

Une rue à X..., capitale de l'Océanie espagnole.

Personnages.

GUITARRI.	DON FEROCIO.
Le père GUILLERET.	COLOMBELLE.

SCÈNE I.

Au lever du rideau on entend dans la maison de droite
une sérénade. (Air de la *Sérénade de Gil-Blas*.)

Tu veux savoir la guitare,
Cet instrument aux si doux sons;
Non, je ne veux pas être avare,
Je vais t'en donner des leçons.
Mets ta bottine coquette
Sur ce beau petit tabouret
Et que ta guitare s'apprête
A s'étendre sur ton corset.

Et puis que ta main fiévreuse
Soit toujours en
Mouvement.
Tra la la.
Que ta guitare amoureuse
Charme mon cœur,
Ce vainqueur!
Tra la la.

DON FEROCIO, entrant.

(Avec amertume.)
L'on chante! et l'on apprend la guitare, ô patrie!
(Mystérieusement.)
Vite, allons soulever toute l'infanterie!

(Il sort.)

SCÈNE II.

GUITARRI. — COLOMBELLE.

(Ils sortent de la maison.)

COLOMBELLE.

Oui, c'est cela! Je veux, avant qu'il soit un mois,
Jouer devant la cour pour la première fois!
Ah! le bel instrument! Et comme il devient rare!
Quand Dieu créa l'Amour, il créa la guitare!

GUITARRI.

Quand Dieu créa l'Amour, il créa la beauté.

COLOMBELLE.

Tais-toi, petit flatteur! (A part) Il n'est pas emprunté!
J'aurais cru, l'élevant près de moi, sur les cimes.

Le voir tout ébloui de nos splendeurs sublimes.
Mais non, comme un égal, il m'a ravi le cœur,
L'Art a des rois aussi!... L'Art seul est mon vain-
                                              queur.
On dit...

GUITARRI (l'interrompant).

Permettez-vous que, pour ma récompense...

COLOMBELLE, fièrement.

N'interrompez jamais une Reine qui pense !
— On dit que j'ai le cœur assez près du bonnet
Et les jette souvent tous deux où bon me plait ;
Mais la comparaison est au moins malhonnête.
On peut coiffer le Roi, mais la Reine est nu-tête ! —
— Que disiez-vous, mon cher Guitarri?

GUITARRI.
                              Je disais
Que j'avais toujours tort, Madame, quand j'osais...
Je ne suis pas de ceux que leurs fortunes hautes
Mettent impunément au-dessus de leurs fautes ;
Moi, lorsque je faillis, on ne me cache pas
Qu'étant parti de bas, je suis demeuré bas.

COLOMBELLE.

Ingrat! Que veux-tu donc? — Cet amour qui
                                        m'enflamme,
N'est-ce donc rien? réponds, malheureux.

GUITARRI.
                        Si, Madame !

COLOMBELLE.

Tu te plains? — Mais je t'ai donné de mes cheveux,
Ainsi que mon portrait fait par Carjat! Tu veux
Sans doute plus? réponds! Parle! Que puis-je
faire?

GUITARRI.

Portrait! cheveux! amour! N'est-ce pas éphé-
mère?
Madame! le portrait s'efface quelque jour,
Le cheveu sent mauvais et l'ennui suit l'amour!

COLOMBELLE.

Ainsi, déjà lassé?

GUITARRI.

Non, mais je doute encore...
Quand s'approche la nuit, quand s'éveille l'au-
rore,
A toute heure... je vois un fantôme légal
Se dresser entre nous dans un manteau royal.

COLOMBELLE.

Le Roi!

GUITARRI.

Non pas le Roi, son ombre! O destinée!

COLOMBELLE.

Comme moi! tu le sais, sa tête est couronnée,
C'est le destin! Jaloux! que t'importe le Roi?
Celui que j'aime et veux aimer toujours, c'est toi!

GUITARRI.

Oui, vous croyez m'aimer et, caprice bizarre.
Ce qui vous plaît en moi.

COLOMBELLE.

Parle!...

GUITARRI.

C'est ma guitare !

COLOMBELLE.

Mais non ! c'est toi, ta voix, ta figure, ton cœur.
Ton âme ! Efface, ami, ce sourire moqueur !
C'est toi, dis-je, c'est toi ! mon Guitarri ! mon
                                        âme !

GUITARRI.

Et si j'étais titré, m'aimeriez-vous, Madame ?

COLOMBELLE.

Oui, tout autant ! — pas plus, car je ne pourrais
                                        pas !
Tu veux donc des honneurs, — tu les regretteras,
Qu'importe ! sois content ! Et si c'est là ta gloire.
Je te fais directeur de mon conservatoire !

GUITARRI.

C'est la guitare encore que vous récompensez !

COLOMBELLE.

Mais tu veux donc, dis-moi, des titres insensés !

Voyons! quel courtisan faut-il que je déplace?
Eh bien, sois Grand Veneur! Tu mèneras la
                                        chasse.
Quand on tuera les cerfs à quatre pas de moi,
Ta charge est d'en offrir les ramures au Roi!
Tu pourras dépeupler les bois de la couronne.
Cette charge, bien plus, est très-payée et donne
Avec port obligé d'un fouet à manche d'or
Le surnom envié de *Cid Campeador!*

GUITARRI.

Ce titre-là, Madame, est une raillerie!
On me surnommerait le Cid de Normandie!

COLOMBELLE.

Eh bien, choisis!

GUITARRI.

Je veux être votre intendant.

COLOMBELLE.

Tu l'es.

GUITARRI.

Reine, merci! — Ce n'est pas tout pourtant.

COLOMBELLE.

Parle!

GUITARRI.

Je veux encor, par faveur spéciale
Être le gouverneur de votre capitale!

COLOMBELLE.

Accordé.

GUITARRI.

Puis enfin, — bien d'autres l'ont je crois !
Je veux avoir le grand cordon de Charles trois !

COLOMBELLE.

C'est tout ?

GUITARRI.

C'est tout, Madame !

COLOMBELLE.

Et tu seras fidèle ?

GUITARRI.

Toujours ! ma Majesté ! toujours ! ma Colombelle !

COLOMBELLE.

Va chercher ton ruban chez le grand chancelier
Et reviens près de moi par le grand escalier !

(Ils sortent l'un à droite, l'autre à gauche.)

SCÈNE III.

DON FEROCIO.

L'on s'embrasse, on se fait des cadeaux, ô patrie !
Ce qu'il faut soulever, c'est la cavalerie !

(Il sort.)

SCÈNE IV.

GUITARRI, orné du grand cordon de Charles III.

Enfin me voici donc tout à fait en faveur !
En un jour, grand cordon ! Intendant ! Gouver-
                                    neur !

Quel ministre, avec ses combinaisons nouvelles,
Quel général, criblé de blessures cruelles,
Quel administrateur des finances, trouvant
Le moyen de remplir d'or un gouffre béant,
Ont après des traités, des emprunts, des con-
quêtes.
Plus de titres que moi!

SCÈNE V.

GUITARRI. — LE PÈRE GUILLERET.

GUILLERET.

Les vendanges sont faites!

GUITARRI.

Guilleret! Vous, mon père?

GUILLERET.

Ecoute, mon enfant!
Je te vois bien heureux, je te vois triomphant
Mais le bonheur terrestre est chose dérisoire,
L'amour est éphémère, éphémère la gloire.
Et la fortune enfin, est éphémère aussi!
Je sais que je m'en vais te causer du souci;
Mais tu n'ignores pas cependant que je t'aime.
C'est moi qui t'ai laissé toucher au diadème,
C'est moi qui t'ai mené près d'elle, et tes succès
Tu ne les dois qu'à moi, mon enfant!

GUITARRI.

Je le sais!

GUILLERET.

Eh bien ! en ce moment, tout le pays s'agite,
Aujourd'hui même il faut que nous prenions la
fuite.

GUITARRI.

Partir ! Abandonner si vite mes honneurs !

GUILLERET.

Il le faut ! Ici-bas, la joie est près des pleurs !

GUITARRI.

Et la Reine ?

GUILLERET.

La Reine est aussi menacée,
Tu peux juger, ami, si la chose est pressée.
Je suis de trois complots !

GUITARRI.

Que lui reproche-t-on

GUILLERET.

De changer sa couronne en bonnet de coton
Et de changer son trône en sopha de cocotte.

GUITARRI.

De cocotte ! on a dit ?

GUILLERET.

Oui !

GUITARRI (pleurant).

                        Voyez! Je sanglotte.
Que faire? Je ne sais, je ne sais qu'aimer, moi!
... Eh bien! partons tous trois, laissons ici le Roi!

GUILLERET.

Impossible! Le Roi ne peut quitter la Reine.

GUITARRI.

Toujours entre nous deux?

GUILLERET.

                      Il le faut! c'est sa chaîne!

GUITARRI.

Eh bien! que suis-je moi?

GUILLERET.

                   Toi, tu n'es qu'un lien
Qui peut se détacher.

GUITARRI.

                Hélas! je le sens bien!
Je vais donc l'avertir!

GUILLERET.

               Dis-lui que par prudence,
Elle fasse partir en avant la finance,
Les bijoux, les objets en or, les diamants,
Et toutes ses valeurs, et tous ses ornements...
Puis, qu'elle n'ait pas l'air d'abandonner la place;
C'est un art de savoir subir une disgrâce!

Que l'on dise qu'elle a besoin de changer d'air
Et qu'elle va passer un mois aux bains de mer.
L'honneur est sauf. De là, la frontière prochaine
Permet en un instant de protéger la Reine.

GUITARRI.

C'est horrible cela ! C'est une trahison !

GUILLERET.

Adieu ! — Cela vaut mieux que d'aller en prison !
(Ils sortent, l'un à droite,
l'autre à gauche.)

SCÈNE VI.

DON FEROCIO.

L'on sait tout ! Et l'on fait ses malles, j'imagine.
Vite ! allons soulever le peuple et la marine !
(Il sort).

SCÈNE VII.

COLOMBELLE. — GUITARRI.

COLOMBELLE.

Que disais-tu ? Partir !

GUITARRI.

Le peuple est soulevé !

COLOMBELLE.

J'aurais dû m'en douter car je l'avais rêvé !
Mais je connais cela: du bruit, de la fumée,
Puis tout à coup la paix.

GUITARRI.

La paix? La paix armée !

COLOMBELLE.

Des stylets?...

GUITARRI.

Que non pas, des fusils, des canons!

COLOMBELLE.

Auraient-ils donc saisi ceux que nous possédons ?

GUITARRI.

Parbleu! Vous n'avez pas compris! mais le sol
tremble !
Tenez, on nous verrait ici, tous deux, ensemble,
Eh bien! on me tuerait d'abord et vous après.

COLOMBELLE (fièrement).

On me respecterait, Monsieur.

GUITARRI.

Je le voudrais.

COLOMBELLE.

Non, je connais mon peuple: il a la tête folle,
Mais on peut l'apaiser avec une parole.

GUITARRI.

Ecoutez ce qu'il dit : —

Cri du peuple au dehors.
Vive la liberté!

COLOMBELLE.

Per Dios! Sur ce cri-là je n'avais pas compté.
Allons! Pour conjurer le mal qui se prépare
Il n'est qu'un seul moyen : taquine ta guitare !

GUITARRI.

Y songez-vous, Madame, en un pareil moment?

COLOMBELLE.

Taquine, Guitarri! Je connais l'instrument,
Sa puissance surtout est vraiment souveraine.
Il peut dompter le peuple, il a dompté la Reine.
Taquine! — Je le veux et chante moi cet air,
Qu'à mon petit coucher tu composas hier !

GUITARRI.

Je n'ai pas remplacé depuis ma chanterelle.

COLOMBELLE.

Joue, ô mon Guitarri.

GUITARRI.

J'obéis, Colombelle.
Il chante et joue.

Air : *Ay Chiquita.*

I.

Tu veux que je caressas
La guitarra de mon cuerdo.
C'est vraiment être insensas
Dans un pareil momento !
On nous mettr'alla porta
De tout's les Espagnolas.
Adieu l'Olla Podrida
Qui nous a tant régalas !

Refrain.

Nous irons ! nous irons ensemble
Dans l'exil, mais en liberté,
Manger tous les deux, que t'en semble ?
Le pain noir de l'adversité !

II.

J'entends les fusilladores !
Par le Papel del hilo !
Ce sont les rebellatores
Qui font des pronunciamiento.
Tout cela me fait tremblas,
Et pour être en sûreté
Il va falloir bientôt filas
Upa, mignons, alerte !

Refrain.

Viens, partons ! Viens, partons ensemble !
Dans l'exil, mais en liberté,
Et mangeons tous deux, que t'en semble ?
Le pain noir de l'adversité ! —
On entend le peuple qui murmure.

GUITARRI.

Entendez-vous ces voix, ces cris ?

COLOMBELLE.

                    Oui c'est affreux !
Il n'ont pas entendu ton chant, les malheureux !
Eh bien, partons !

GUITARRI.

Partez !

COLOMBELLE.

                    Partons !

GUITARRI.

                    Partez, Madame,
Je reste !

COLOMBELLE.

Toi, rester ? M'abandonner, chère âme !

GUITARRI.

De cette ville-ci suis-je pas gouverneur ?
Aujourd'hui, mon devoir doit refouler mon cœur !

COLOMBELLE.

Bien ! c'est bien, Guitarri, parle-leur et je reste !

GUITARRI.

Madame, renoncez à ce projet funeste.

COLOMBELLE.

Tu veux m'abandonner ? Tu me suivras pourtant.

GUITARRI.

Madame!

COLOMBELLE.

N'es-tu pas aussi mon intendant?
Viens! et prends avec toi ta guitare fidèle.
Plus tard nous lui mettrons une autre chanterelle.

(Ils sortent.)

SCÈNE VIII.

Le peuple murmure. — Cris lointains. — Coups de fusil.)

DON FEROCIO.

Victoire! Et maintenant je m'en vais subito
Vous débiter, Messieurs, mon pronunciamiento.

(Au public.)

Une pièce excellente est un fruit assez rare;
Soyez donc indulgents, tous, pour *Fleur de guitare.*

Ne prenez point en mal cet à-propos frondeur,
Et surtout... excusez les fautes de l'auteur!

Strasbourg, octobre 1868.

Strasbourg, imprim. de Vᵉ Berger-Levrault.